# 崇信记忆

富强 编

中国摄影出版传媒有限责任公司
China Photographic Publishing & Media Co., Ltd
中国摄影出版社

## 《崇信记忆》编辑委员会

顾　　问：牛恒立　李世恩

主　　任：信海林
副 主 任：富　强
委　　员：戚　斐　白　飞

编　　著：富　强
封面摄影：马芳忠

出　　品：崇信县文化馆（美术馆）

# 序　言

## 跃动在百年长河里的美丽浪花

翻开《崇信记忆》，映入眼帘的第一张照片是清末崇信人、甘肃宁远县（今武山县）知县张衔熙的坐像，第二张照片是崇信第一位共产党员、第一位大学生、革命烈士保至善的半身照。或许，比这两张照片展现的年代更早的，是画册后面拍摄于近些年的“贡元第”门头，至今还保留着古代科举时期的一抹痕迹。虽然该书以近 40 多年来的影像为主，但这些早期的史料图片却将时间的轴线拉向了百年以前。

该书共收录图片 200 余幅，或征集于作者，或翻拍于馆藏。以时间为线索，以“图片 + 说明”的方式将这些图片逐一排列，最终呈现在我们面前的一幅幅定格的画面，就像一段缓缓流动的历史河流，翻滚起美丽的浪花。或者说得更直白一点，这本书就是一部地方影像志，每一幅画面的背后都潜藏着一段不可磨灭的历史，或者一个寄托乡愁的故事，见证了崇信这片土地百年来的世相百态和沧桑巨变。

此书最为难得的，是收录了一部分 20 世纪 70 年代以前的图片。很难想象，在农业合作化运动时期的县级党报竟然是手刻油印的，其国内要闻与本地新闻搭配的编排方式、很接地气的新闻语言，以及中规中矩的宋体标题、每张两分钱的订阅价格等颇具时代气息的细节，仅看第 9 页左图足矣。还有妇女识字班、女子放映队、庄稼地里的知识青年等图片，反映出那个时代人们特有的精神气质，尤其是表现平田整地和植树造林恢宏现场、汭河青年大桥通车典礼热闹场景的图片，都是被打上时代烙印的特殊影像。

跟随着时间的步履逐渐前行，读者会发现时代嬗变的轨迹竟然如此清晰。1980 年是农村改革的第一年，是恢复高考制度带动全社会读书热的初始阶段，也是商品经济刚刚露出苗头的起步时期，图片向我们展示了那时的张树兴先生带领妇女扎宫灯、马长春先生指导侯家老庄的女子排练文艺节目的场景，虽然那时的人们已经开启了新的生活，但衣饰风貌依然保留着以前的模样。假如把 2003 年吴勇拍摄的东街村的铁匠、小炉匠放到这个时期，这两个老匠人简直就是“时髦老头”了。20 多年时间，社会发展竟如此迅速！

阅读此书，你会发现还有很多已被时代淹没了的模糊记忆。例如，小脚老奶奶在田间播种，“解放脚”的老人席地而坐做鞋子，祖孙三代围着火盆熬“罐罐茶”，打井时采用滑轮提土，赶着驴去沟泉里驮水……这些都是包产到户后农村生活的真实记录，这里面既有农民对生活的热爱、对劳动的热情和对片刻闲暇的享受，也有生活的不易和艰辛。在书中，我们还可以看到县农机厂、刺绣厂、罐头厂、酒厂、陶瓷厂、化工厂、制杆厂、地毯厂、砖瓦厂、彩色塑袋厂等 10 多家企业的身影，虽然它们现在都已经不存在了，但在当时都是大办乡镇企业和招商引资潮流中的佼佼者，代表了一个时期经济发展的态势。

当然，最让人感慨的还是进入 21 世纪以来，整个县域日新月异的可喜变化。崇信风物信美，人杰地灵，从星罗棋布的古树名木，就可以体会到这里的人们对生态环境的敬畏和珍爱；从生机勃勃的煤矿、火电、红牛、蔬菜等产业，就可以感受到这块土地迅猛发展的势头；从龙泉寺、大槐树、五龙山、公刘园以及多次举办的大型体育赛事、文化活动，就可看到当地文旅康养事业的无限活力。书中的每一幅图片，都记录着曾经的记忆；书中的每一帧画面，都昭示着美好的未来。单看几幅不同时期的县城全貌图，崇信大地屡次深刻的蝶变就如此惊艳，令人感慨万端。

书中的图片大多属于纪实类的资料图片，也有部分颇具匠心的艺术图片。纪实图片，呈现的是历史的厚重；艺术图片，展示的是艺术的标高。在当前“人人都是摄影家”的读图时代，人们更多关注的是如何拍摄一幅具有一定意趣的影像，而往往忽视了对身边事物、寻常物件的拍摄、记录和传承。很多时候，资料图片会显示出其千金难买的稀有和珍贵。这是本书给我的启示。

百年历史，如汭河之水倏忽而过。捧读这本图片集，如同穿越时光的隧道，让人有一种恍然的错觉和莫名的感动。如果开篇提到的那位“贡元第”的主人、张衙熙县令及保至善烈士能徜徉于今日的龙泽湖畔，看到被誉为“陇上江南”的家乡美景，也会发出“当惊世界殊”的由衷赞叹吧？！

李世恩

2024 年 4 月于平凉

# CONTENTS 目　录

# 一 岁月长河

张衔熙（1875—1928），崇信铜城人，官至宁远县（今武山县）县令。　　富强 翻拍

保至善烈士（1902—1928）。　　富强 翻拍

1957 年 7 月 1 日，《崇信报》编辑部工作人员在老城隍庙隍地古槐下合影。据崇信县志记载，隍地古槐是旧时崇信八景之一。　　梁保和 供图　富强 翻拍

崇信報

一九五六年十月十七日　第十五期

提高警惕 严防坏人破坏

紅旗社初步研究了秋收分配工作

讀者注意：
請快到当地邮电局或代办所，办理下月訂报手续，免得中断。

1956 年 7 月 1 日，中共崇信县委机关报《崇信报》创刊。图为 1956 年第 15 期《崇信报》。　　张海山 提供　富强 翻拍

1956年，县上开办妇女识字扫盲班。　　县档案馆 供图

1972 年，火热的改土整田现场。 马芳忠 摄

1975 年，九功公社冉李生产队知青在田间地头接受农业生产知识培训。 刘景荣 摄

1975 年，活跃在黄寨公社的“三八”女子放映队在村转村途中。马芳忠 摄

1976 年，植树造林。　　马芳忠 摄

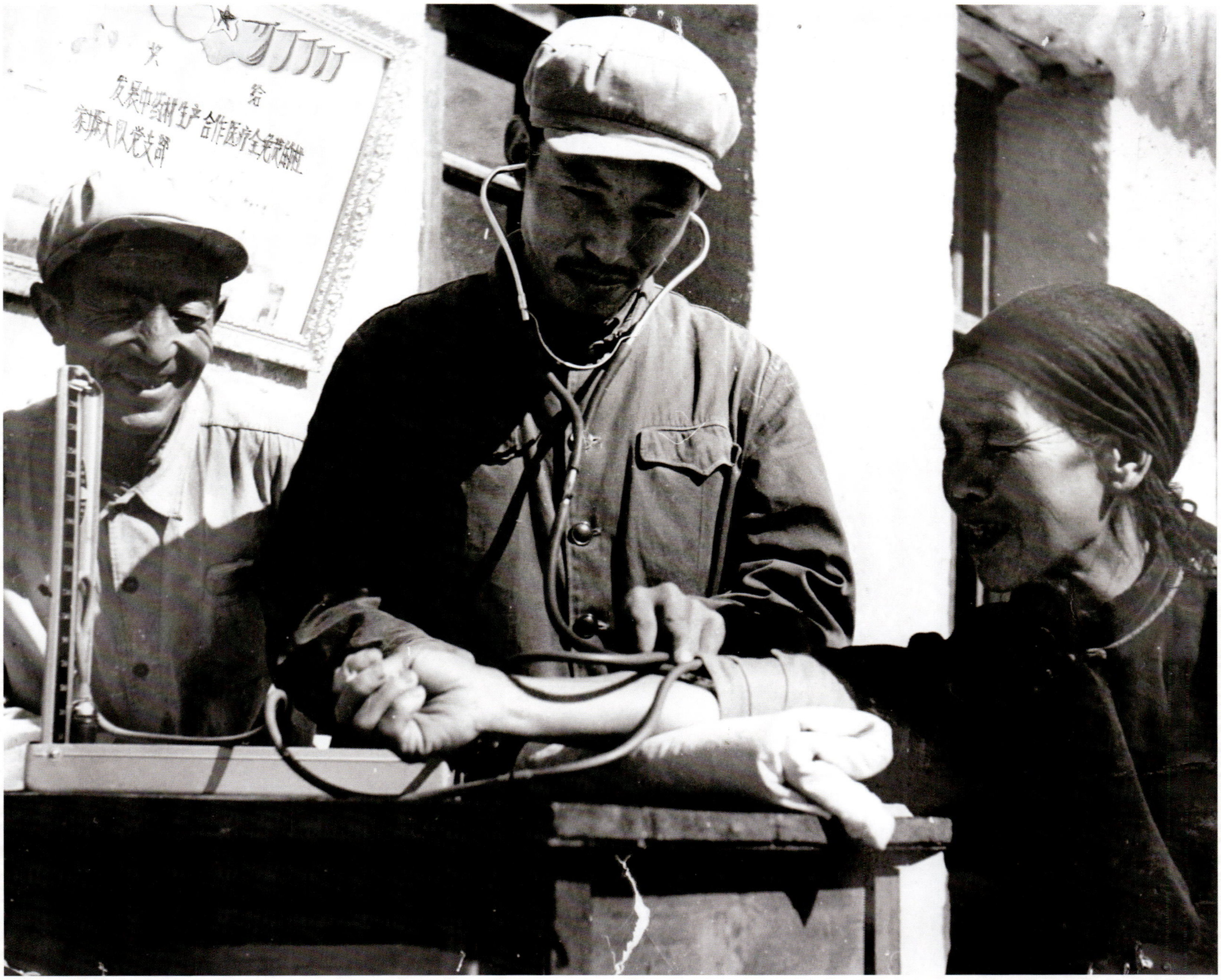


1979 年，医生何广义在锦屏镇杜家塬村为村民看病。　　县档案馆供图 马志远摄

1977 年 5 月 1 日，汭河青年大桥建成通车典礼。 马芳忠 摄

1977 年 5 月 1 日，通车后的崇信汭河青年大桥。 马芳忠 摄

1980 年，崇信县新华书店组织流动供应组，把书刊送往学校，受到师生们的欢迎。刊登于 1980 年 2 月 9 日《甘肃日报》。 马芳忠 摄

1980 年，文化馆做花灯迎春节。
马志远 摄

1982 年 5 月，柏树乡文化站内部陈设。
李中 摄

1982年，县城一角。　　马志远 摄

1982 年，新窑煤矿全景。　　马志远 摄

1983 年，县城团结路。　　马志远 摄

1984 年 10 月 1 日，中华人民共和国成立 35 周年庆祝活动在县人民广场举办。　马志远 摄

1984 年，崇信县百货大楼开业。 马志远 摄

1984 年，百货大楼内顾客正在选购商品。　马志远 摄

1984 年，县文化馆馆长马长春指导黄寨侯家老庄业余剧团排练文艺节目。马志远 摄

1984年5月，工人们正在修复龙泉寺晴雨楼下的贯珠泉。 马志远 摄

1984 年，治河工地。　　马志远 摄

1984 年，崇信县中学举办运动会，图为操场上的运动员奋力冲刺。 县一中 供图 富强 翻拍

1984 年，建成的韩家沟电视差转台。　　马志远 摄

1985年春节，社火巡演。　　马志远 摄

1985 年，《平凉报》记者采访龙泉寺植树造林模范韩岐忠（右一）。 马志远 摄

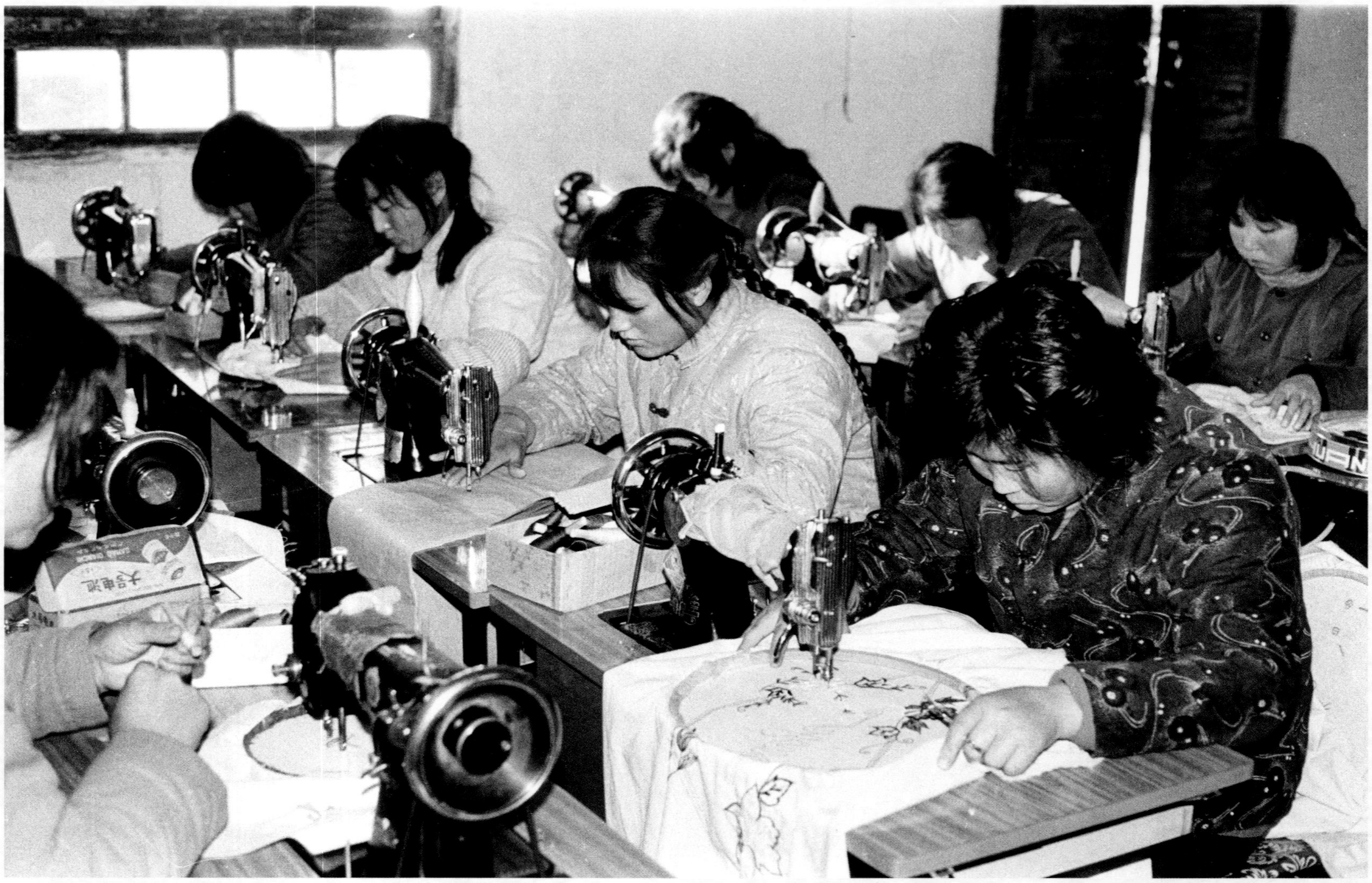

1985年，九功刺绣厂。

县档案馆供图 马志远摄

1985 年，县广播站播音机房。 刘卫东 摄

1985 年，新窑煤矿。 马志远 摄

1985 年，崇安路枣林段。　　县档案馆供图 马志远摄

1985 年，县农机厂生产的粉碎机。 马志远 摄

1985 年，高庄乡小脚老太太。　马志远 摄

1986 年 9 月，甘肃省第一家县级合资企业陇港彩色塑料胶袋有限公司开业。 马志远 摄

1986 年 9 月，崇信县纺织厂开业剪彩。　　马志远 摄

1986 年，县广播电视局制杆厂。 马志远 摄

1986 年，新窑陶瓷厂。 马志远 摄

1986 年，崇信县化工厂。　　马志远 摄

1986年，县城农贸市场。 马志远 摄

1986 年，崇安公路建设场景。（组图）　　马芳忠 摄

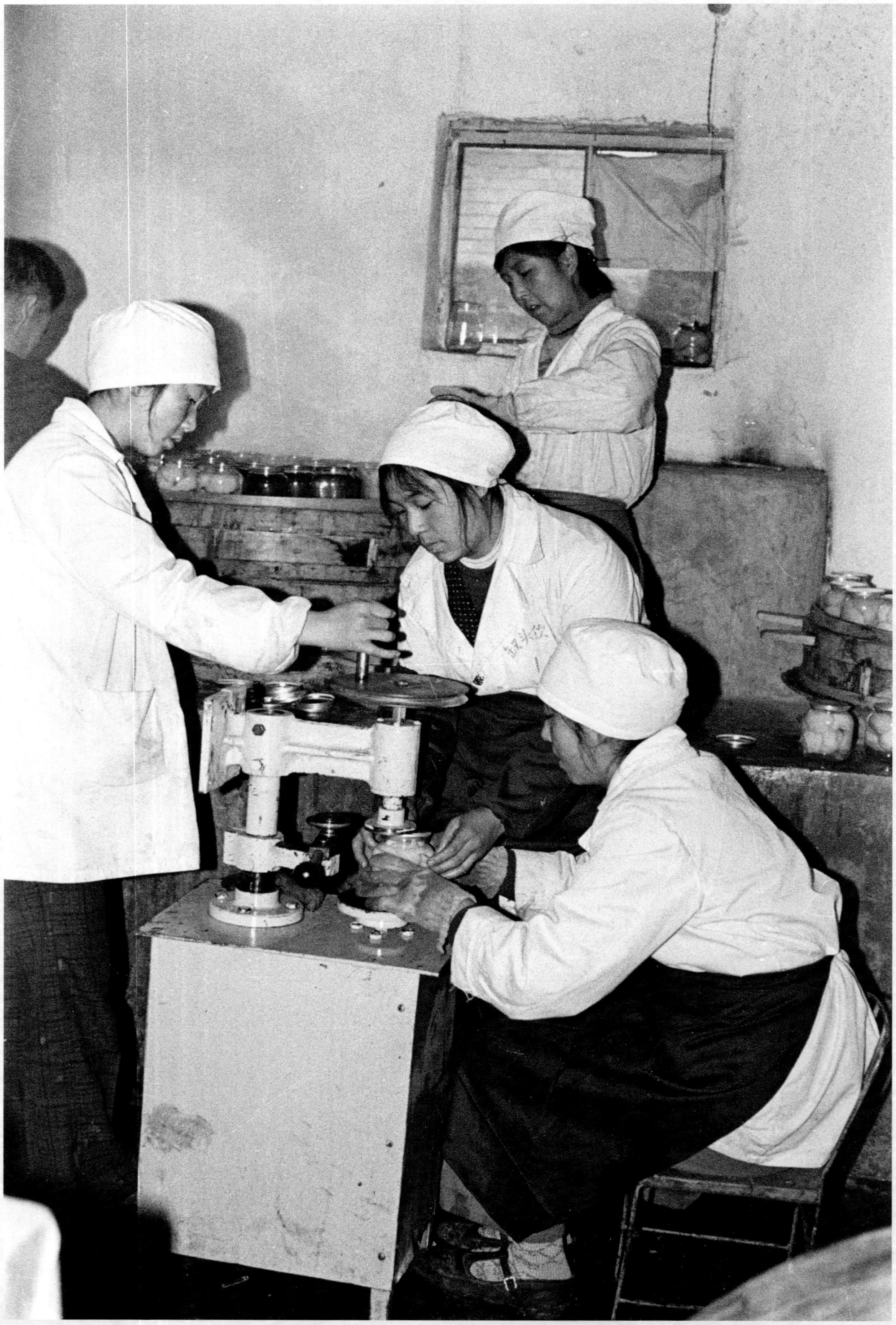

1986 年，东方罐头厂工人在灌装封口。 县档案馆供图 马志远摄

1986 年，龙泉寺酒厂工人在灌装封口。　　马志远 摄

1987年，县运输公司开往泾川、安口、平凉的班车。 刘卫东 摄

1987年，黄花乡村民制糖。 马志远 摄

1988 年，县城一角。 马志远 摄

1988 年，县地毯厂工人整修地毯。　　县档案馆供图 马志远摄

1988 年 10 月 1 日，县上举办集体婚礼。　　县档案馆供图 刘卫东摄

1988 年，关村砖瓦厂。 马志远 摄

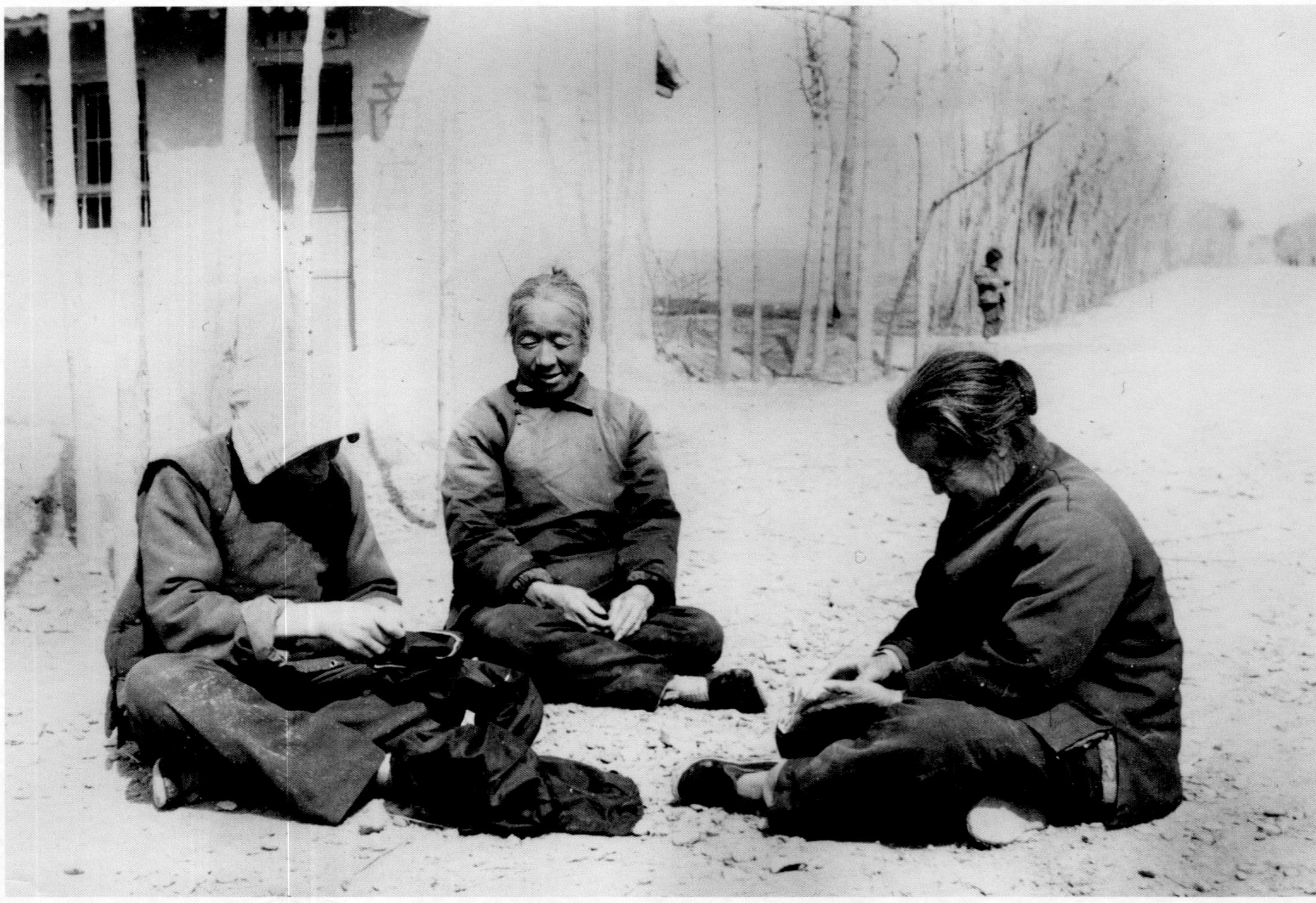

1988 年，柏树乡柏树村 3 位老人在路边绱鞋拉家常。 吴勇 摄

1989 年，柏树乡党洼村手工制瓦厂。　　李得时 摄

1990 年，陇港彩色塑料胶袋有限公司生产线上的女工。 刘卫东 摄

1990 年，县物资交流大会期间新西街街景。　马志远 摄

1993 年，新窑煤矿矿工。 马志远 摄

1992 年，锦屏镇关村百姓打水井。　　吴勇 摄

1992年，县城一角。 马志远 摄

1992年，县城一角。 马志远 摄

1992 年，县溶解乙炔厂。 马志远 摄

1993 年，崇信影剧院。 吴勇 摄

1991 年，黄寨乡北沟水塔。　　吴勇 摄

1994年，新窑陶瓷厂生产车间。　马志远 摄

1994 年，县黄板纸厂生产车间。　　刘卫东 摄

1995年，龙泉宾馆。 马志远 摄

1995 年，新建的崇信县火车站。 县铁路护路联防办公室 供图

1995年，铜城渠首。　　马志远 摄

1996 年，崇信县文化馆。 马志远 摄

1996 年，土箭地貌。
马志远 摄

1997 年，县城东城区。　　朱孝才 摄

1997 年，县新窑水泥厂烧结楼。　　马志远 摄

1997 年，铜城乡简易桥。　　吴勇 摄

1998 年，崇信首届大槐树旅游节期间的全家福。　　闫和平 翻拍

1999 年，关河村村民在坑上用火盆取暖熬罐罐茶。 吴勇 摄

1998 年，铜城乡村民在打麦场上碾麦。　　朱孝才 摄

2000 年以前，山塬区村民赶着牲畜从沟底取水。 姚崇钧 摄

2001 年，崇信一中老校门。 县一中 供图 富强 翻拍

2002 年，黄花乡村民正在收割麦子。 朱孝才 摄

2004 年，九功大桥。　　张建军 摄

2003年，锦屏镇东街村小炉匠关文义。 吴勇 摄

2003 年，锦屏镇东街村老铁匠屈拉顺。　　吴勇 摄

2008 年，县城东街个体户在弹棉花。 吴勇 摄

2006 年，柏树乡村民在扬场。　　张永强（平凉）摄

2005 年 5 月，崇信县汽车站试营业。 马志远 摄

2008 年，新安煤矿。

吴勇 摄

2009 年，村民在锦屏山上春播。 吴勇 摄

2009 年，县城街头的果汁机。　　张永强（平凉）摄

2010 年，锦屏镇杜家沟村农家小院晒秋。　　吴勇 摄

2012 年，锦屏镇马沟村龙泉老窖酒厂制酒车间。 富强 摄

2011 年，县城夜景。 张永强 摄

2012 年，城东雪景。 陈明杰 摄

2012 年，丹霞地貌。 朱孝才 摄

2013 年，文化广场闹元宵活动。　　　　张永强 摄

2013 年，崇信苹果喜获丰收。 姚崇钧 摄

2013 年，锦屏镇铜城村农家婚礼。 吴勇 摄

2014 年，中共崇信县委大门。 吴勇 摄

2014 年，崇信县人大、政协大门。　　吴勇 摄

2014 年，崇信县人民政府大门。　　富强 摄

2014 年，崇信电厂全貌。　　秦凌平 摄

2014 年秋，铜城水库。　　秦凌平 摄

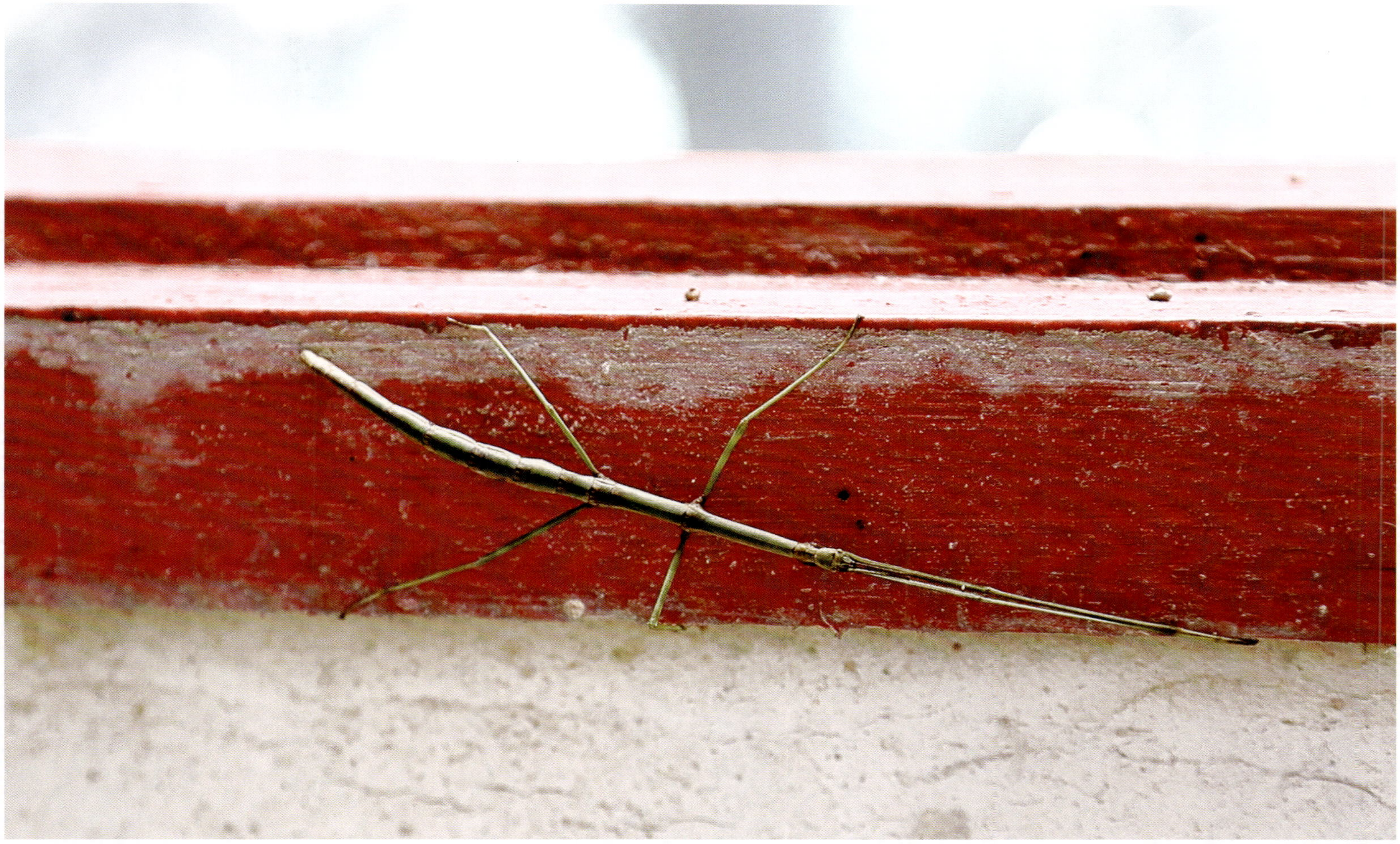

2015 年，唐帽山上的竹节虫——崇信短肛棒。该虫是崇信境内发现的中国竹节虫新物种。　富强 摄

2014 年 11 月 17 日，崇信苹果首次出口吉尔吉斯斯坦，实现出口创汇零突破。　李荣 摄

2019 年，铜城峡口“开往春天的列车”穿越浪漫桃花海。　　张保勤 摄

2015年，柳树巷居民区。 岳杰 摄

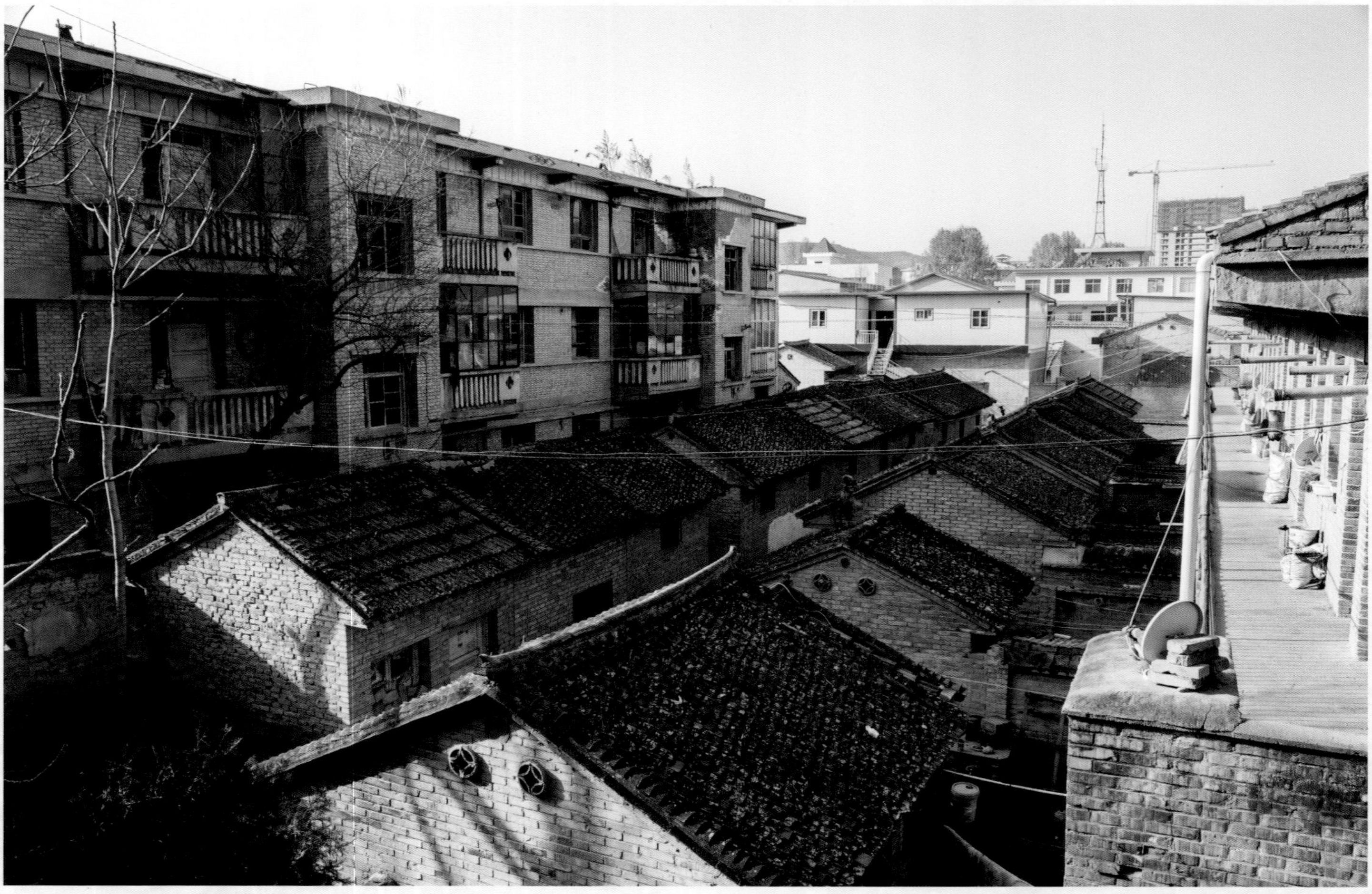

2014年，西城湾居民区。 富强 摄

2016 年 4 月 10 日，崇信县第一届“山水龙泉 亲水休闲”生态旅游节开幕式在龙泉寺景区前举办。　　黄云 摄

2016 年，俯瞰县城西区公刘园。 黄云 摄

2016年11月21日，崇信宾馆开业。 马康迈 摄

2016年9月14日，崇信新世纪商厦开业。 县地志办 供图

2016 年，大柳煤矿。　　李荣 摄

2016 年，县城俯瞰图。　　黄云 摄

2017 年，书法爱好者们在文化三馆前广场挥毫泼墨，书写诚信。 梁乐 摄

2016 年，公刘雕像。 闫和平 摄

2016 年，崇信梯田。 黄云 摄

2017 年，柏树乡矮化密植苹果园。　　梁乐 摄

2017 年，县城一角。　　梁乐 摄

2017 年，木林大集上的祛痣摊。 富强 摄

2017 年，木林大集上的镶牙摊。 富强 摄

2017 年，黄寨镇侯家老庄村民在家中办喜事，制作饸饹面宴请宾朋。　　吴勇 摄

2017 年，国家级水利风景区龙泽湖。 梁乐 摄

2017 年，绿色生态矿区——新窑矿区。 黄云 摄

2017 年，保至善烈士纪念馆。　　富强 摄

2017 年 11 月 20 日，崇信县红牛赛牛大会。　梁乐 摄

2017 年 9 月，锦屏镇庙台村高窑。 富强 摄

2018 年，新窑镇周寨移民社区。　　黄云 摄

2018 年，柏树镇党洼村粮站。　　张建军 摄

2018 年 8 月 24 至 26 日，中国乒乓球协会会员联赛（甘肃崇信站）在县体育馆举办。图为乒乓球世界冠军梁戈亮在 8 月 26 日上午比赛中奋力打拼的身姿。 李荣 摄

2018 年 5 月 31 日，国际男篮（崇信站）对抗赛在县体育馆举办。图为古巴国家篮球队和巴西加西亚队球员拼抢。 富强 摄

赏最美乡村 品多彩文化
体育无处不在 运动无限精彩 开展全民健身 共建和谐社会
搏生命之极限 铸青春之辉煌

2018 年 4 月 20 日，崇信县第三届“山水龙泉 · 养生崇信”文化旅游节暨第一届全民运动会开幕式在县体育场举办。　　富强 摄

2019 年 5 月 18 日，首届甘肃 · 崇信发展大会在县体育馆成功举办。截至 2023 年，大会已成功举办 5 届，对推动县域经济高质量发展产生了重要意义。 梁乐 摄

2020 年，龙泉夜市。　　陶占军 摄

2021 年，崇信县获得第七届全国文明城市提名资格，开启了全民共创共建共享的创城新格局。图为 2022 年，崇信县文化馆举办的“献礼党的二十大 · 争创文明城”红歌传唱暨春官说诗展演活动。　　黄云 摄

2020 年，县城油葫芦嘴公园。　　秦凌平 摄

2015 年，崇信县第一个中共支部委员会——黄寨镇来家湾党支部遗址。　　李荣 摄

2020 年 8 月 25 日，崇信县第三届婚俗文化节暨集体婚礼在华夏古槐王景区举办。 黄云 摄

2020 年，麦收时节的汭河川区。 闫和平 摄

2021 年，黄寨镇油菜花开，游人如织。 郭福闯 摄

2019 年，汭河鸳鸯。该作品入展 2023 年甘肃省第 21 届摄影艺术展。　闫和平 摄

2022 年 6 月 10 日，国家二级保护动物豹猫在汭河岸边觅食。　　闫和平 摄

2021 年，汭河良好的生态吸引众多候鸟在此栖息。 张志平 摄

2021 年县城俯瞰图。 张永强 摄

2022 年，锦屏镇于家湾蔬菜基地全貌。 梁录存 摄

2022 年，市民在西区休闲广场公刘园排练节目。 张百耀 摄

2022 年春节，新窑镇赤城移民新村幸福大院里的老人们合影留念。　　富强 摄

2021年，赤城煤矿。 徐炜场 摄

2022年，氧化塘湿地公园。 黄云 摄

2022 年 7 月 20 日，崇信县首个分布式光伏发电项目——红牛繁育场光伏电站成功并网发电。　徐炜玚 摄

2023 年 11 月，崇信县 100 兆瓦风电项目开工建设。图为黄寨镇已安装完成的发电风机。 富强 摄

2022 年，黄寨镇甘庄村窑洞养牛示范带全貌。　　李荣 摄

2022 年春节临近，黄寨镇一户农家宰年猪。　　富强 摄

2022 年，县城一修车师傅在维修自行车。　　闫和平 摄

2021 年 4 月，柏树镇木家坡村的孩子们在秋千上玩耍。 陈明玉 摄

2023 年 12 月 25 日，S28 灵华高速全线通车运营，结束了崇信不通高速的历史。 富强 摄

2023 年 12 月 25 日，从高空俯瞰 S28 灵华高速崇信段。 富强 摄

2023年，县城西城区夜景。 黄云 摄

2023 年 5 月，文化“三馆”。 黄云 摄

2022 年 6 月，粮食丰收，颗粒归仓，锦屏镇铜城村农民露出开心的笑容。 李红平 摄

2023 年，县城农贸市场。　　富强 摄

2023 年，龙泉寺 4A 级景区连接线和 G312 崇信至花所段全线贯通。 富强 摄

2023 年，县城汭鞫广场。　　梁乐 摄

2023 年 7 月 17 日，雨过天晴，县城上空出现两道美丽的彩虹。　　马文博 摄

2023 年，和美乡村柏树镇。 刘祥 摄

2023 年，黄寨镇街道上的修鞋匠。　富强 摄

2023 年 6 月，龙泉寺景区夜景。　　黄云 摄

2023 年 7 月 25 日，五举煤业矿井及选煤厂建设实现联合试运转。　　徐炜场 摄

2023 年，凤翥大桥。　　富强 摄

2023 年 11 月 3 日，G312 线崇信至花所段全线贯通，极大地方便了百姓出行。　富强 摄

2023 年 5 月 15 日，栖息于沩河岸边的国家一级保护动物、鸟类中的“大熊猫”黑鹳。 张志平 摄

2023 年 8 月 10 日，国家一级保护动物林麝在新窑林区内活动。 闫和平 摄

2023 年 3 月 19 日，国家二级重点保护动物凤头䴙䴘在汭河河面上嬉戏。 闫和平 摄

2023 年，锦屏镇梁坡村村民用传统方式制作爆米花。（组图）　　富强 摄

# 二 山水风情

# 国家 4A 级景区——龙泉寺

2018 年，国家 4A 级景区龙泉寺。　　张金保 摄

2017 年，俯瞰龙泉。　　黄云 摄

2018 年，龙泉寺景区和凤翥山。　　姚崇钧 摄

2016 年，素有“陇东第一泉”之美誉的龙泉寺贯珠泉。　　花明池 摄

2014 年，玉皇阁雪景。　　张永强 摄

2015 年，国家 4A 级景区龙泉寺。　　黄云 摄

2016 年，国家 4A 级景区龙泉寺景区局部。 黄云 摄

2023 年，唐帽山晚霞。 梁乐 摄

2022 年 3 月，五龙山上成片的桃花竞相绽放，美不胜收。　富强 摄

2023 年，唐帽山上马石。　张志平 摄

2014 年，五龙山秋景。 梁乐 摄

2017 年，铜城峡石骆驼。 闫和平 摄

2017 年，五龙山秋景。　　张永强 摄

2021 年，黄寨镇老爷山全貌。　　黄云 摄

2022 年，乡村旅游示范点——柏树镇木家坡村。　　　　　　　　　　　　　　　　　　　　　　　　　　　　　　　　　　　　贳云 摄

2024 年，农旅融合示范点——黄花乡黄花塬村三位小英雄纪念馆。　何晓霞 摄

2024 年，乡村旅游示范点——木林乡金龙村红二十五军战斗遗址。　富强 摄

2021 年，乡村旅游示范点——黄寨原乡生活体验地。　　李荣 摄

2022 年，乡村旅游示范点——锦屏镇赵湾村。　　梁录存 摄

2021 年，农旅融合示范点——新窑镇后河沟。　　黄云 摄

# 三　古树名木

# 华夏古槐王

2017 年，华夏古槐王（锦屏镇关河村）。此树树龄约 3200 年，载入《全国百株人文古树名录》，是目前发现的国内体型最大、树龄最长的古槐。此作品刊登于 2023 年 5 月 30 日《人民日报》。

富强 摄

1993 年，华夏古槐王（原名关河古槐）。 朱孝才 摄

# 娑罗树

2001 年，娑罗树（黄花乡黄花塬村）。　朱孝才 摄

2023 年，新址长成的娑罗树，树枝叶柄脱落部位形似猴头，栩栩如生。（组图） 富强 摄

# 三异柏

1985 年，三异柏（锦屏镇关村村）。 马志远 摄

2016 年，三异柏。 闫和平 摄

2008 年，三异柏。此树树干上同时生长着侧柏、绵柏和刺柏，实属罕见。 吴勇 摄

# 古柏龙蟠

2017 年，龙泉寺“古柏龙蟠”，为芮谷八景之一。　　富强 摄

# 四 纳河流韵

# 汭 河

2002 年，汭河。 刘正武 摄

1995 年，汭河。　　朱孝才 摄

2018年，汭河。　　黄云 摄

# 五 非遗文化

# 省级非物质文化遗产代表性项目

2023 年，点灯背猴 – 捏面猴。 富强 摄

2022 年，点灯背猴 – 做面灯。 富强 摄

2016 年，点灯背猴 - 点猴灯。　闫和平 摄

2016 年，点灯背猴 - 抢猴灯。　闫和平 摄

2017 年，山梁走唱。　　富强 摄

2017 年，崇信民歌。　　梁乐 摄

1984 年，顶灯说唱。　　马志远 摄

2017—2018 年，柏树镇白羊山弦子腔剧团先后赴中国香港和俄罗斯演出崇信弦子腔，展现了中华传统文化的魅力。（组图）
王宏荣 摄

2009 年，崇信县黄寨镇侯家老庄村侯兆银收藏的古老弦子腔剧本。　　侯兆银 摄

2017 年，百年弦子腔走进农家院。 梁乐 摄

2017 年 3 月，非遗传承人关月辉在县文化馆教巴基斯坦友人学习中华传统剪纸技艺。 闫宇伟 摄

2017 年，非遗传承人甘博在县文化馆的华夏神韵根雕艺术馆进行创作。　　富强 摄

2017 年，非遗传承人许建忠进行春官说诗表演。　　吴勇 摄

# 市级非物质文化遗产代表性项目

2022 年 2 月，县李元谅广场社火舞龙。 富强 摄

2016 年，柏树乡社火高跷表演。 张建军 摄

2013 年 3 月，非遗传承人梁山林制作布艺画。　　县文化馆供图

2017 年 5 月，黄花乡黄花塬村村民李四有表演流星锤。　　马志远 摄

2017 年，场面盛大的崇信跑旗。 富强 摄

# 六 文物古迹

2005 年，全国重点文物保护单位武康王庙。 吴勇 摄

2022 年，省级文物保护单位李元谅墓。　　富强 摄

崇信县博物馆镇馆之宝——“月氏”铭货泉铜母范（1982 年征集）。（组图）　　县博物馆 供图

1999 年，龙泉寺齐家文化遗址。　　吴勇 摄

2024 年 2 月，崇信古城遗存俯瞰。 富强 摄

2024 年 2 月，锦屏山上残存的一段明清老城墙。 富强 摄

2024 年 2 月，武康王庙背面残存的一段明清老城墙。 富强 摄

2023 年，锦屏镇东庄村麻堡子。 富强 摄

2024 年 2 月，锦屏镇长新村王河湾社清代二道大门。　　富强 摄

2009 年，新窑镇西刘村老房子。　　张轲 摄

2009 年，新窑镇西刘村老房子。　　张轲 摄

2012 年，锦屏镇东街村老房子。 朱孝才 摄

2017 年，新窑镇赤城村吴廷玉家老房子。 闫和平 摄

# 七 旧貌新颜

1989 年，县城全貌。　马志远 摄

2005 年，县城全貌。 闫和平 摄

2015 年，县城全貌。 黄云 摄

2022 年，县城全貌。　　黄云 摄

# 摄影师

| | | | | |
|---|---|---|---|---|
| 马芳忠 | 马志远 | 吴　勇 | 刘卫东 | 李　中 |
| 陈明玉 | 姚崇钧 | 富　强 | 闫和平 | 黄　云 |
| 梁　乐 | 张志平 | 张永强(平凉) | 郭福阔 | 张永强 |
| 刘正武 | 朱孝才 | 张百耀 | 李得时 | 张建军 |
| 梁录存 | 秦凌平 | 刘　祥 | 陈明杰 | 岳　杰 |
| 李　荣 | 马康迈 | 闫宇伟 | 张保勤 | 陶占军 |
| 徐炜场 | 李红平 | 马文博 | 张金保 | 花明池 |
| 张　轲 | 何晓霞 | 刘景荣 | 侯兆银 | 王宏荣 |

# 后　记

影像记录历史印记，光影书写时代变迁。

出版《崇信记忆》这本画册的愿望由来已久，早在 2016 年，我心中便有了这一想法。记得当时我正在与县摄影家协会原主席姚崇钧先生一同筹建县文化馆的“印象崇信摄影艺术馆”，第一次看到老摄影家们拍摄的一系列反映崇信历史变迁、民俗文化等老照片时，我就想为家乡收录、保存下这些珍贵的历史影像。但后因撰写《芮鞫遗韵—崇信县非物质文化遗产代表性项目名录》一书和工作调动等原因，一直未能如愿。不过从那时起，通过各种渠道搜集和拍摄关于崇信的新老影像便成了我工作之余的爱好，正是此“爱好”为今天《崇信记忆》画册的顺利出版打下了坚实的基础。

本画册共收录崇信各个时期的图片 200 余幅，大部分图片通过个人、单位和社会征集而来，其余图片则根据画册需要由我本人进行补拍或翻拍，图片所展示的内容从 19 世纪末至今，跨度百余年，涵盖了崇信经济发展、城乡变化、文化旅游、自然景观、人文风俗、百姓生活等各个方面，生动展示了崇信百年发展历程，为广大读者以及生活在这片土地上的人们献上了一幅绵长悠远的崇信历史画卷。

画册的顺利出版，得益于各级领导和部门的大力支持，得益于新老摄影家的倾囊相助，也得益于社会各界人士的关心指导。在这里，要特别感谢县委、县人大、县政府、县政协以及县文广局、县文联、县档案馆、县地志办、县博物馆、县铁路护路办等单位和领导的大力支持。

致敬、致谢老摄影家马芳忠先生。

感谢甘肃省摄影家协会主席、甘肃省现代摄影学会会长牛恒立先生全程艺术指导。

感谢平凉市政协教科卫体委员会主任、平凉市文联原主席李世恩先生作序。

感谢马志远、吴勇先生提供老照片并悉心指导。

感谢闫和平、黄云、梁乐等 40 位摄影师。

虽然尽了最大努力，但由于所收录图片年代久远，资料匮乏，加之我精力和能力有限，画册图片及注释说明仍难免有疏漏、错误或不妥之处，诚挚希望社会各界人士和摄影界同行给予批评和指正。

衷心希望《崇信记忆》画册的出版能够起到存史资政、励志育人的作用，同时也真诚希望配套建设的崇信记忆摄影展览馆能成为每个崇信人回望历史、感受乡愁的心灵港湾，成为激励崇信人在未来踔厉奋发、不断进取的能量之源……

2024 年 9 月于崇信

**图书在版编目（CIP）数据**

崇信记忆 / 富强编 .—— 北京 : 中国摄影出版传媒有限责任公司，2024.9.—— ISBN 978-7-5179-1459-4

Ⅰ. K294.24-64

中国国家版本馆 CIP 数据核字第 20247VV217 号

书　　名 : 崇信记忆
编　　者 : 富　强
策划编辑 : 董　旭
责任编辑 : 宋　蕊
设　　计 : 杨　卿
出　　版 : 中国摄影出版传媒有限责任公司（中国摄影出版社）
　　地　址 : 北京市东城区东四十二条 48 号　邮　编 :100007
　　发行部 : 010-65136125 65280977
　　网　址 : www.cpph.com
　　邮　箱 : distribution@cpph.com
印　　刷 : 深圳市信和印刷有限公司
开　　本 : 8 开
纸张规格 : 787mm×1092mm
印　　张 : 18.5
版　　次 : 2024 年 9 月第一版
印　　次 : 2024 年 9 月第一次印刷
印　　数 : 1——1000 册
ISBN 978-7-5179-1459-4
定　　价 : 298.00 元